AF503546

HISTOIRE

DU

DROIT CIVIL DE ROME

ET

DU DROIT FRANÇAIS

PAR M. F. LAFERRIÈRE.

—·❊❋❊·—

COMPTE RENDU PAR M. G. NYPELS,

PROFESSEUR EN DROIT A L'UNIVERSITÉ DE LIÉGE.

—·❈❈❈·—

PARIS.

JOUBERT, LIBRAIRE DE LA COUR DE CASSATION,
rue des Grès, 14, près de l'École de droit.

1849.

–‹❋›–

Extrait de la *Revue de Droit français et étranger*,
publiée à Paris par MM. Fœlix, Duvergier, Valette, Laferrière, Bonnier
et Bergson, tome VI, 1849,
éditée par Joubert, libraire de la Cour de cassation.

–‹❋›–

M. Laferrière a publié, il y a quatorze ans, sous le titre d'*His-toire du droit français*, un volume qui avait un défaut capital, celui de porter un titre qui promettait ce que le livre ne pouvait donner. Que pouvait être, en effet, une *histoire du droit* d'un grand pays comme la France, renfermée dans les limites étroites d'environ cinq cents pages? Un simple aperçu, un résumé, mais non une *histoire*.

Ajoutons tout d'abord que ce titre, qui dépassait la portée de l'ouvrage, n'avait pas été choisi par l'auteur. Celui-ci n'avait entendu donner au public qu'un *essai philosophique sur l'his-toire du droit français*.

En général cet *essai* fut favorablement accueilli; et c'était justice, car il contenait des aperçus neufs, des vues ingénieuses, et il dénotait un remarquable talent d'écrivain. Cependant la critique ne lui manqua pas. Elle fut sévère dans la bouche de Klimrath. On verra tout à l'heure pourquoi.

L'Histoire du droit civil de Rome et du droit français, dont M. Laferrière vient de publier les trois premiers volumes, est un livre d'une tout autre portée. Ce n'est pas, comme on pourrait le croire, une nouvelle édition de l'essai de 1836, c'est un ouvrage nouveau qui diffère du précédent et par le plan et par la mise en œuvre [1]. — Le livre de 1836 était l'essai d'un jeune homme qui entre dans la carrière; celui de 1848 est, comme le dit l'auteur lui-même, le résultat de douze années d'études nouvelles et des méditations d'un âge plus sévère et plus libre-ment consacré aux travaux d'érudition. Comme le titre du livre

---

[1] Les matières comprises dans les trois premiers volumes de l'*Histoire du droit civil de Rome et du droit français* n'occupaient que 60 pages dans l'*Histoire du droit français* de 1836. Cette simple indication suffit pour faire apprécier l'étendue relative des deux ouvrages.

l'annonce, **M.** Laferrière a compris dans son travail, non-seulement l'histoire du droit français proprement dit, mais aussi l'histoire du droit romain.

Jusqu'à présent on avait toujours séparé les deux grands éléments juridiques qui ont formé le droit français. Sous le titre d'*Histoire du droit français*, on comprenait exclusivement l'histoire du droit coutumier, des ordonnances et des autres sources du droit français, hors le droit romain.

M. Laferrière n'a pas cru devoir suivre cette méthode. Il a réuni les deux éléments pour en tracer l'histoire suivant l'ordre des temps. C'est une innovation que les faits justifient. La législation romaine a laissé dans le droit français des traces profondes, encore visibles dans les lois actuelles. Il faut, dans une histoire du droit, que le lecteur puisse suivre ces traces et remonter jusqu'à leur origine, pour en apprécier exactement la valeur.

Dans l'introduction qui se trouve en tête du premier volume, **M.** Laferrière explique le plan général de son ouvrage et ses vues sur l'histoire du droit. Nous croyons devoir analyser ici une partie de cette introduction. Le lecteur verra pourquoi M. Laferrière a pris Rome pour point de départ, et pourquoi pas une époque plus reculée et une autre nation. Il y verra aussi la méthode suivie par l'auteur dans l'exposition de l'histoire du droit romain, et la liaison de cette partie de son histoire avec celle du droit français, qui est le but principal de son livre.

« Le droit, considéré dans son développement historique et scientifique, est l'association laborieuse et progressive de la liberté humaine et de la vie sociale avec la justice et la raison.

» Dans toutes les sociétés il y a des mœurs, des lois, des institutions; mais toutes les sociétés ne portent pas en elles le *droit*, qui représente à la fois la science et la législation, le mouvement des faits et le progrès des idées.

» Le droit, conforme à cette notion, ne peut se développer où l'homme n'est rien; aussi le droit n'a pas d'histoire dans l'Asie, dans l'Égypte. Des usages, des institutions, des lois ont existé, depuis un grand nombre de siècles, sur la terre d'Orient; mais on n'a pas encore trouvé, dans les traditions, ces différences d'âges, cette succession d'époques qui marquent, pour les peuples comme pour les individus , tous les développements de la vie. Les lois mosaïques elles-mêmes ne peuvent être opposées comme une exception, car l'empreinte divine dont elles furent marquées était pour elles le sceau de l'immutabilité.

» Ce n'est pas à dire que le droit de l'Orient ne puisse offrir une époque digne d'être étudiée. Mais l'homme ne peut voir pleinement la vérité que dans les causes premières ; et l'Orient, inconnu dans son âge primitif, est pour lui une cause première qui reste dans l'obscurité. Si quelque jour la lumière pouvait se projeter sur ces origines, elle changerait peut-être les voies de la science historique. Mais jusque-là l'histoire du droit européen est obligée de se détourner des régions inconnues et de chercher la lumière où elle brille.

» C'est dans la Grèce qu'on trouve pour la première fois des lois et des institutions qui réfléchissent le mouvement de l'homme et de la société. Là l'homme est une puissance libre et personnelle qui s'appartient, qui a des droits. Aussi chaque république, chaque ville a sa vie politique, sa constitution propre ; et les lois civiles suivent l'esprit politique de la cité.

» Les lois de la Grèce ont leur naissance, leurs progrès, leurs révolutions ; elles ont donc une histoire possible. Mais la Grèce, si riche en poëtes, en orateurs, en philosophes, en législateurs, n'a pas eu de *jurisconsultes*. — Ensuite, l'étude spéciale des lois de la Grèce, en la considérant dans ses rapports avec le droit qui fait le fond de notre société moderne, serait une étude à peu près stérile.

» C'est à Rome que naît la science du droit ; c'est à Rome que se fait l'intime alliance d'une pratique austère et d'une sévère théorie. Là se produisent et se soutiennent les grands législateurs, les grands magistrats et les grands jurisconsultes. Le droit romain est une source inépuisable, *soit pour la science du droit en général, soit pour l'intelligence de l'histoire et de la théorie du droit français*. — Le droit civil de l'ancienne et de la nouvelle monarchie française est fils du droit romain et des coutumes nationales ; il est indispensable dès lors, même avant d'étudier et de suivre les transformations des coutumes, de connaître le principe fondamental et le développement du droit romain.

» Dans l'histoire du droit, l'époque de la république romaine, depuis les premiers temps jusqu'à l'avénement d'Auguste, est représentée par le *Droit civil de Rome*.

» L'époque de l'empire est représentée par le *Droit romain* proprement dit. »

La première époque comprend deux périodes : le *droit des Douze Tables* et le *droit prétorien*. C'est l'époque romaine pure, dégagée de tout autre élément. « Nous avons cherché, dit M. Laferrière, à concentrer dans cette ère de la république l'esprit des lois et des mœurs romaines, de manière à nous bien assurer des principes qui se répandront sur le monde, et se modifieront sous l'influence successive du stoïcisme et du christianisme. Déjà même, avant de clore cette époque, nous aurons reconnu le principe qui servira de base à la grande école des jurisconsultes : Cicéron aura puisé dans le sein du stoïcisme et produit dans ses beaux traités, à l'expiration de la république, la *philosophie du droit*. »

L'histoire du droit romain, pendant cette première époque, n'embrasse pas moins d'un volume entier dans l'ouvrage de M. Laferrière. Il suffit de jeter un coup d'œil sur la table de ce volume pour se faire une idée du soin avec lequel l'auteur a traité cette partie. Cependant ce n'est pas une histoire complète du droit romain sous la république qu'il a entendu faire. Et d'abord, il a complétement laissé de côté l'histoire *externe*. Quant à l'histoire *interne*, il s'est attaché principalement au droit *privé*. Voici, du reste, un aperçu des matières. Le volume est divisé en huit chapitres : le premier présente un tableau des *institutions politiques* depuis la fondation de Rome jusqu'aux guerres civiles. Les chapitres II à V inclusivement sont consacrés au *droit privé*. Les droits de cité, les droits de famille, la propriété, les différents modes d'acquérir, les institutions judiciaires, la procédure civile, dans leurs développements successifs par le droit *civil* et par le droit *prétorien*, forment la vaste matière de ces quatre chapitres. La culture et l'enseignement de la science du droit font l'objet du chapitre VI. Enfin le chapitre VII, qui couronne dignement le volume, expose la doctrine philosophique de Cicéron sur le droit. Le chapitre VIII est une transition à l'époque suivante. Le volume est terminé par quatre *appendices* : sur le droit de gentilité ; sur l'influence du droit prétorien en matière de succession ; sur la loi *Cincia* et sur le système monétaire des Romains au temps de la république.

Arrivé au terme de cette première époque, M. Laferrière abandonne Rome pour entrer avec Jules-César dans la Gaule. Entre le droit civil de la république et le droit romain de l'empire, il place le tableau du droit celtique. — Cette méthode présente le grand avantage de ne pas intervertir, dans l'histoire du droit, l'ordre chronologique, et permet de suivre pas à pas l'influence du droit romain sur les institutions de la Gaule : influence qui s'était fait sentir longtemps avant que le droit civil se fût modifié sous l'action des jurisconsultes stoïciens et des empereurs chrétiens. D'ailleurs, les Gaulois vaincus n'ont pas entièrement dépouillé leurs coutumes primitives devant les lois du peuple vainqueur. Si l'assimilation a été complète sur un grand nombre de points, il y a eu constante résistance sur d'autres. Le parallèle des institutions de la cité romaine et de la *Gaule barbare* permettra de saisir dès son origine la raison de l'assimilation et de la résistance. Cette époque, que M. Laferrière appelle *époque celtique*, forme le *deuxième livre* de l'*Histoire du droit civil de Rome et du droit français*. Elle embrasse le tiers à peu près du deuxième volume.

Après le droit civil de Rome, après le droit celtique, vient le *droit romain de l'empire*, non avec l'immensité de ses détails, mais avec *la grandeur de ses principes, visiblement unis à ceux du christianisme.* Car c'est le droit romain de l'école des jurisconsultes qui a développé les germes déposés dans les mœurs galliques, et c'est surtout l'alliance du droit romain avec le christianisme qui a fait le caractère distinctif de la civilisation des Gaules et de la France.

Cette alliance du droit romain et du christianisme forme, comme le dit M. Laferrière, la pensée fondamentale de son livre ; c'est le principe d'unité qui en soutient toutes les parties et le point de vue auquel il s'est principalement attaché, sans y sacrifier jamais, ajoute-t-il, la vérité des faits.

L'époque *gallo-romaine* forme le livre III de l'ouvrage. Elle embrasse les deux derniers tiers du second volume.

Voici la distribution des matières comprises dans cette partie, l'une des plus intéressantes de l'ouvrage.

CHAP. Ier. — *Le droit romain sous l'influence du stoïcisme et du christianisme.*

CHAP. II. — *Les Romains dans les Gaules.* — Organisation et division de la province gallo-romaine. — Organisation des cités gallo-romaines. — Faits et causes qui ont secondé la civilisation romaine dans les Gaules.

CHAP. III. — *Le christianisme dans les Gaules.* — Rétablissement et progrès du christianisme. — Naissance de l'Église gallicane. — Organisation de l'Église gallicane et de l'Église universelle. — Rapports de l'épiscopat avec l'organisation municipale des cités gallo-romaines. — Rapports de l'épiscopat avec l'organisation provinciale. — Action générale des évêques gallo-romains sur la doctrine et sur les mœurs.

CHAP. IV. — *Premiers établissements des Germains dans les Gaules.*

CHAP. V. — *Monuments du droit romain dans les Gaules.* — *Edictum provinciale.* — Constitution de Caracalla. — Code Grégorien et Hermogénien. — Code Théodosien. — Code d'Alaric. — Lois des Burgondes et des Visigoths, etc., etc.

CHAP. VI. — *Droit gallo-romain, ou résultats du droit privé dans les Gaules au commencement du VIe siècle.* — Condition des personnes dans la cité gallo-romaine. — *Famille gallo-romaine.* — Constitution personnelle et réelle. — Hérédité; droit de tester. —Propriété gallo-romaine. — Possession; prescription. — Obligations.

CHAP. VII. — *Institutions judiciaires.*

CHAP. VIII. — *Résultats généraux et caractéristiques des trois premiers livres de cette histoire et de la société gallo-romaine.*

Nous voudrions pouvoir reproduire ici en entier ce dernier chapitre, qui est un chef-d'œuvre d'analyse et d'éloquence. — Nous nous bornons à citer un passage qui ne manque pas d'à-propos dans les circonstances actuelles.

« Rome, dans l'unité profonde de la cité, constitue le droit, qui donne aux citoyens la liberté politique des comices, au chef de famille la souveraineté domestique. Elle trouve dans la loi des Douze Tables la puissance de concentration qui imprime au peuple romain son indestructible originalité; elle trouve dans le Droit prétorien la puissance d'expansion et d'assimilation qui la met en communication avec le monde. Par sa force intime et concentrée, elle crée des citoyens à son image, des hommes reconnaissables chez toutes les nations par l'unité du caractère romain, grand mais inflexible. Par sa puissance d'assimilation, elle s'approprie les idées, les usages des nations étrangères. Ce qui était *droit des gens* se transforme en *droit civil;* mais ce qui a été fait droit civil dans Rome redevient droit commun à toutes les nations : les idées, les coutumes des peuples vainqueurs sont reportées au dehors, plus précises, plus fortes, plus juridiques, sous le nom de droit romain, de droit des gens, ou, comme dit Cicéron, de *droit civil du genre humain.* Ce que la cité reçoit de l'extérieur, ses jurisconsultes, ses magistrats provinciaux le rendent en civilisation générale. Admirable échange entre Rome et l'univers, qui fait du peuple romain le législateur plus que le vainqueur des autres nations; car il est vainqueur pour un temps, mais il devient législateur pour le présent et dans l'avenir. »

« Au delà des Alpes vivait une autre société bien différente en apparence : la Gaule barbare. Longtemps elle fut la terreur de Rome. Elle n'avait pu recevoir du capitole humilié son droit et ses coutumes, et cependant elle portait dans ses mœurs d'étonnantes analogies avec les mœurs romaines, et dans ses traditions, le souvenir d'une antique et mystérieuse fraternité. Toutefois une différence essentielle existait et tenait à la diffé-rence de constitution sociale. Rome a vécu de la vie concentrée d'une cité unique, et elle a transformé par l'ordre politique l'état naturel de la famille. Les nations multiples de la Gaule sont restées à l'état de tribus, et la société gallique, sans perdre ce caractère primitif, s'est développée sous la double influence de l'esprit de famille et de religion. — Dans le droit civil de Rome, la famille est constituée en vue de la cité, l'exercice du

droit de propriété en vue de la liberté du citoyen chef de famille.
Dans les mœurs gauloises, la famille est constituée en vue de
la société naturelle de l'homme et de la femme ; et la transmis-
sion de la propriété s'accomplit sous l'influence d'un principe
dominant, la conservation des biens dans la famille. — D'une
part, le pouvoir *individuel* du citoyen chef de famille, quant à
la disposition du domaine ; — d'autre part, le pouvoir *collectif* de
la famille maîtrisant l'homme, et imposant, comme loi naturelle
et nécessaire, l'affectation du patrimoine à la famille descendante
et collatérale. »

« C'est entre les deux sociétés de Rome et de la Gaule barbare
une distinction plus profonde et plus haute que la barrière des
Alpes....... La civilisation romaine a porté dans les Gaules, la
cité, le droit des Douze Tables, le droit des préteurs, des jurisconsultes ; mais la différence primitive dans la constitution personnelle et réelle de la famille a résisté, dans la Gaule celtique, à
l'action du droit civil romain. Pourquoi ? — Parce que L'ÉTAT
DE FAMILLE EST LA SOCIÉTÉ PRIMITIVE ET NATURELLE DE L'HOMME,
CELLE A LAQUELLE L'HOMME APPARTIENT LE PLUS INTIMEMENT PAR
TOUT SON ÊTRE, PAR SON PASSÉ, SON PRÉSENT, SES ESPÉRANCES
D'AVENIR. »

Nous ne nous arrêterons pas davantage sur les deux premiers
volumes de l'ouvrage de M. Laferrière. Il en a déjà été rendu
compte dans plusieurs Revues françaises et étrangères, et nous
nous associons volontiers aux éloges mérités dont ces volumes
ont été l'objet.

Nous passons au troisième volume. — Ici nous quittons le
monde romain pour entrer dans le monde germanique. C'est ici
aussi que commence en réalité l'*Histoire du droit français*,
l'époque française.

Cette époque (la quatrième dans l'œuvre de notre auteur) est
divisée en quatre périodes :

I. La période germanique ou gallo-franque jusqu'à la fin du
X⁰ siècle ;

II. La période féodale, y compris la monarchie de saint Louis
jusqu'à Philippe le Bel ;

III. La période des états généraux et de la monarchie parlementaire, qui renferme en elle les réactions de la monarchie
absolue ;

IV. La période des révolutions de 1789 et de 1830.

A chacune de ces phases politiques de la monarchie corres-
pondront, dans l'œuvre de M. Laferrière, les phases successives
du droit *public, administratif* et *privé*, dont l'ensemble, dit-il,
constitue l'*Histoire du droit français*.

On peut voir, d'après cette fixation des époques, combien
est longue et laborieuse la tâche que s'est imposée M. Laferrière,
ét combien il lui reste à faire encore avant d'avoir atteint ce but.
Le troisième volume, dont il nous reste à parler, a pour
objet la période germanique ou gallo-franque jusqu'à la fin du
X⁰ siècle.

Dans son *Histoire du droit français* publiée en 1836, M. Laferrière avait complétement passé sous silence ces *lois-coutumes*
des peuples germaniques. Il passait pour ainsi dire sans transition du droit romain à la période féodale, qui était *alors* pour
lui le point de départ du droit coutumier.

Cette lacune était, il faut l'avouer, le défaut capital du livre de
1836. C'est elle surtout qui lui valut la critique sévère, mais juste
en ce point, de H. Klimrath.

En 1836, M. Laferrière était, à son insu sans doute, sous l'influence d'idées un peu étroites de nationalité. Préoccupé d'ailleurs (il le dit lui-même) *par les progrès incessants de l'école
germanique qui menaçait d'obscurcir les origines et d'envahir
le domaine des traditions françaises*, il ne pouvait être un
jurisconsulte, historien impartial. Son livre n'était en effet
(comme le disait Klimrath) qu'un *éloquent plaidoyer en faveur
du droit romain*, où le droit germanique avait la plus petite
place possible.

Aujourd'hui, grâce à de nouvelles et fortes études, M. Laferrière a pu dominer enfin la matière de son livre et il a franche-
ment reconnu ses erreurs de 1836. « J'en ferai facilement l'aveu,
dit-il (*Introduction*, p. XLIII); emporté par ce besoin de résistance (à l'invasion de l'école germanique), j'ai exprimé, dans
ma première publication sur l'histoire du droit, des propositions

trop exclusives. J'ai même écarté entièrement de mon esquisse, et *avec intention*, le droit barbare : c'est une lacune qu'on m'a justement reprochée...... »

Ce n'est pas à dire cependant que M. Laferrière ait abandonné le camp romain pour passer dans celui des germanistes. Aujourd'hui comme en 1836, ses prédilections sont pour les traditions romaines. « La réaction est faite, dit-il, contre l'invasion *absolue* des idées germaniques. Grâce à des études plus sévères, à la découverte de précieux monuments, à l'influence des travaux accomplis, en plusieurs directions, durant les dix dernières années, on a reconnu dans les lettres, dans l'histoire, dans les usages, les institutions et les lois, la profondeur de la couche romaine. »

Cependant, il ajoute immédiatement : « Le progrès et l'activité des recherches historiques, le zèle du gouvernement français pour les grandes publications, le concours des académies, et les généreux efforts de plusieurs hommes sans titre académique ont ouvert des *sources nouvelles* ou ranimé *des sources presque taries*. L'histoire du droit français peut puiser librement aux sources *nationales;* elle peut, sans danger désormais, faire aussi la part aux origines *étrangères*. Le moment est donc venu de dépouiller l'armure du combat, et de rendre à l'histoire du droit son vrai caractère, L'IMPARTIALITÉ. »

Quelles sont ces sources *étrangères* que l'auteur oppose ici aux sources *nationales* ? Seraient-ce les lois germaniques ? Mais il nous semble que ces lois sont *étrangères*, ou plutôt *nationales*, au même titre que les *lois romaines*, pour la France.

Enfin, dans un autre passage de son introduction (p. XXVII et suiv.), M. Laferrière s'exprime comme suit : « Le droit romain et le christianisme ne contiennent pas toute l'histoire du droit français, toute la substance de notre droit moderne. La division de la France en *pays coutumier* et *pays de droit écrit* est un fait continué par la jurisprudence parlementaire, mais *bien plus ancien que nos parlements;* car nous en retrouverons *la racine jusque dans nos origines gallicanes*...... Les coutumes se sont lentement formées sous *l'influence de races et de conquêtes*, de mœurs et d'institutions, de lois et de civilisations diverses......

Pour faire l'histoire de l'ancien droit français, il faut par conséquent suivre les coutumes dans ce long travail des siècles.

» Droit gallique, droit gallo-romain, droit germanique, droit mixte des époques mérovingienne et carlovingienne, droit canonique, droit féodal...... telles sont les couches successives, telle est la géologie morale par l'étude desquelles nous devrons arriver à la *théorie générale du droit coutumier.....* »

Ainsi, en premier lieu, M. Laferrière reconnaît aujourd'hui la grande importance, pour l'histoire du droit français, de l'étude des lois germaniques. Et en effet, il consacre à ces lois, un volume tout entier, qui sera sans contredit l'un des plus intéressants de son ouvrage.

En second lieu, il abandonne bien décidément cette opinion erronée de l'origine purement féodale des coutumes.

Voilà un immense progrès dont les conséquences rejailliront sur tout le reste de l'ouvrage.

Ah ! si l'infortuné Klimrath était encore là pour rendre compte du nouveau livre de M. Laferrière, combien il s'applaudirait de sa critique sévère de 1836, et que d'éloges il donnerait à l'*Histoire du droit civil de Rome et du droit français !*

Et, à cette occasion, qu'il nous soit permis d'ajouter une observation.

Nous n'avons jamais pu nous rendre compte de cet antagonisme systématique qui a existé en France, contre ce qu'on est convenu d'appeler *l'école germanique.* Nous parlons ici, bien entendu, de cet antagonisme au point de vue de l'*histoire du droit français.*

Que voulaient en définitive les partisans de cette école ? que voulait notamment ce savant et malheureux Klimrath auquel on a si souvent reproché son *germanisme ?* Une seule chose : prouver la grande importance de l'élément germanique dans le droit français, et donner à cet élément, la place qui lui revient incontestablement dans l'histoire de la science ; place qu'on lui avait refusée jusqu'alors, faute de le connaître suffisamment

Or n'est-ce pas là ce que veulent aujourd'hui tous les hommes qui se sont fait un nom dans l'histoire du droit, en France ? N'est-ce pas là le but du magnifique travail de M. Pardessus sur la loi salique? n'est-ce pas là le but du troisième volume de **M.** Laferrière et de tant d'autres ouvrages français sur la période franque, que nous pourrions citer ?

Mais, cette réaction en faveur de l'élément germanique, provient de l'Allemagne : ce sont les jurisconsultes historiens d'outre-Rhin qui l'ont provoquée. Eh ! mon Dieu, la science n'a pas de patrie. Accueillons-la sans nous enquérir d'où elle vient. La France profite sur ce point des travaux de l'Allemagne, comme celle-ci a profité et profite encore tous les jours des travaux des grands jurisconsultes français du XVIe siècle sur le droit romain.

Les antagonistes de l'école germanique disent : *Nous voulons suivre les traditions de la grande école française du XVIe siècle...* Il est bon de s'entendre sur ce point.

L'école historique moderne, dit-on, est fille de Cujas. — MM. de Savigny et Hugo sont les continuateurs de ce grand jurisconsulte. Cela est vrai. Le grand mérite, la gloire de Cujas, c'est d'avoir *renouvelé le droit par l'histoire.* Mais Cujas était romaniste, exclusivement romaniste. Ensuite, Cujas et son grand émule Doneau (romaniste aussi) ne constituaient pas à eux seuls l'école française du XVIe siècle.

A côté d'eux brillaient d'autres jurisconsultes non moins grands, non moins célèbres, les Dumoulin, les Guy-Coquille, les D'Argentré ; ceux-ci n'étaient pas exclusivement romanistes : leurs principaux travaux se rapportent au droit coutumier. — Les commentaires qu'ils ont laissés sur les coutumes sont aussi admirables, quoique dans un autre sens, que ceux de Cujas et de Doneau sur le droit romain.

Mais ces commentateurs des *coutumes* ont-ils, eux aussi, *renouvelé le droit par l'histoire ?* ont-ils recherché l'origine historique des coutumes et suivi leurs transformations successives sous l'influence des races, des conquêtes et des mœurs ? L'idée ne leur en est pas même venue.

Ici, conséquemment, il y avait une grande lacune historique à combler ; et elle ne l'a été que de notre temps, et par les écrivains qu'on a appelés *germanistes.*

Lors donc que les antagonistes des *germanistes* affirment

qu'ils veulent suivre les traditions de l'école française du XVIe siècle, ils s'expriment au moins d'une manière *trop générale* ; car, en réalité, ils ne suivent que les traditions de Cujas.

Mais « *ces débats de 1836*, M. Laferrière le dit lui-même, *sont aujourd'hui sans objet...... Le moment est venu de dépouiller l'armure du combat et de rendre à l'histoire du droit son vrai caractère*, L'IMPARTIALITÉ. » A la bonne heure. Que ce signe de ralliement ne soit jamais perdu de vue, et que tous les hommes de science en France se donnent désormais la main pour accomplir cette œuvre magnifique : *l'Histoire du droit français.*

Ces observations nous ont éloigné du troisième volume de M. Laferrière. Ce volume a pour objet, comme on l'a vu, la période *germanique* ou *gallo-franque* jusqu'à la fin du Xe siècle ; en d'autres termes, la première période de l'Histoire du droit français.

Dans un chapitre préliminaire, l'auteur insiste sur l'importance de *l'unité française*, qui résume en effet toute l'histoire de la France. « L'histoire de notre patrie et de son droit public ou privé, dit-il, est l'histoire de la formation et du développement de la grande *unité française.* »

« Cette unité a pour *base* l'unité TERRITORIALE, qui s'est constituée la première, lorsque les anciens possesseurs et maîtres de certaines provinces ont dépouillé, sous Philippe le Bel, Louis XI et Richelieu, leurs prétentions à la souveraineté locale, et reconnu, pour tout le territoire, un pouvoir central et souverain. — Elle a pour *lien* l'unité NATIONALE, qui s'est accomplie lorsque les peuples de nos provinces diverses ont abjuré, en 1789, leurs différences de race et d'origine, pour ne former qu'une seule et même nation, n'ayant qu'une seule et même patrie. — Elle a enfin pour *couronnement* l'unité SOCIALE qui renferme les rapports de mœurs, de législation civile, d'esprit public, de foi ou de liberté religieuse, et fait que chaque partie de l'État se sent vivre dans le tout, comme le tout retrouve son principe de vie dans chaque partie. »

C'est en effet cette magnifique unité qu'on ne rencontre chez aucune autre nation dans le monde, qui a fait la France puissante et forte et qui donne à son histoire ce haut intérêt que ne présente pas au même degré celle des autres peuples. C'est elle aussi qui l'a fait devancer les autres peuples dans la carrière de la *législation*. — On a vu de nos jours l'Allemagne et l'Italie poursuivre cette unité sans pouvoir l'atteindre. C'est que le travail des siècles ne peut pas être accompli en un jour.

Les chapitres I et II sont consacrés à la géographie politique de la France sous les deux premières dynasties.

Le chapitre III, intitulé : *Monuments du droit*, etc., présente un vif intérêt. — M. Laferrière y trace la *topographie juridique* de la France, du V⁰ au XI⁰ siècle, d'après les manuscrits de la période franque. Grâce au remarquable travail de M. Pardessus sur la loi salique, cette topographie a pu être faite d'une manière tout à fait satisfaisante.

Les manuscrits de la loi salique explorés jusqu'à ce jour sont complexes par leur contenu. A côté du texte de la loi des francs-saliens, on y rencontre d'autres documents juridiques d'origines différentes. Ces manuscrits, considérés dans leur ensemble, portaient généralement le nom de *liber legum* ou *liber legalis*. C'était en quelque sorte le *corpus juris* de l'époque, le *code* d'après lequel la justice était rendue sous les Mérovingiens et les Carlovingiens.

Cependant ces manuscrits ne datent pas tous de la même époque. Les plus anciens appartiennent au VIII⁰ siècle, les plus récents au XI⁰. Ceux-ci contiennent des documents qu'on ne rencontre pas dans les premiers ; or ces documents plus récents ne sont autre chose que les modifications apportées aux lois antérieures, c'est-à-dire les nouveaux éléments juridiques auxquels donnaient naissance les besoins nouveaux de chaque siècle.

La classification des manuscrits selon la date de leur confection permet ainsi de se faire une idée assez précise de l'état de la *législation* qui a régi la plus grande partie de la France du V⁰ au XI⁰ siècle.

Indépendamment de ce premier classement par ordre chronologique, M. Laferrière a fait sur ces manuscrits un autre travail de classification qu'on pourrait appeler classification *scientifique*.

Ce travail consiste à classer les divers documents dont se composent les manuscrits en six ou sept catégories (selon le siècle auquel ils appartiennent), d'après la nature de leur contenu. Ces catégories sont : 1° *Élément scientifique et historique;* 2° *Droit romain;* 3° *Droit germanique;* 4° *Droit royal mérovingien;* 5° *Droit carlovingien;* 6° *Droit canonique;* et 7° *Formules.*

Pour former la première catégorie , M. Laferrière prend , dans les diverses classes de manuscrits, d'abord les documents juridiques qui n'ont pas le caractère de lois, ensuite les documents purement historiques. Ainsi, pour ne citer que quelques exemples de cette catégorie : le fragment d'Isidore de Séville, *De legibus et auctoribus legum;* le prologue et l'épilogue de la loi salique ; les diverses chroniques des rois francs et visigoths ; la chronique de Flodoard ; la vie de Charlemagne , par Éginhard, etc., etc., etc. Cette première catégorie forme , comme on voit, l'élément *historique et scientifique* des manuscrits. — Pour les six autres catégories , il est inutile de citer ici des exemples ; leur intitulé fait connaître suffisamment les documents qui doivent être placés sous chacune d'elles.

Comme on le comprend d'ailleurs, toutes ces catégories ne peuvent pas être également bien fournies dans tous les manuscrits. Elles le sont plus ou moins , suivant le siècle auquel appartiennent les manuscrits. Ainsi, dans ceux qui appartiennent au IX° et au X° siècle, on rencontre des documents en assez grand nombre pour chacune des sept catégories ; dans ceux qui appartiennent au VIII° siècle, la catégorie *droit canon* ne présente aucun document ; enfin dans les manuscrits du XI° siècle, on ne retrouve plus ni le droit romain , ni le droit canon (sauf une seule disposition de droit pénal), ni les formules.

La combinaison de ces divers manuscrits avec les divisions territoriales et les diversités des populations permet de faire la topographie juridique de la France , c'est-à-dire de déterminer l'étendue et les limites de l'application de chacune des parties de la législation comprises dans les manuscrits. Les résultats de cette combinaison terminent le chapitre III ; le lecteur y verra quelles étaient les lois respectivement applicables, d'abord dans les diverses parties de la France prises isolément, ensuite dans la France elle-même, prise au point de vue de l'ensemble. Et il ne faut pas croire que cette assignation de territoire aux lois barbares soit en opposition avec le caractère propre à ces lois, d'être des *lois personnelles* : M. Laferrière explique cette apparente contradiction d'une manière très-satisfaisante.

Le chapitre IV renferme l'HISTOIRE EXTERNE des monuments du droit germanique.

Nous regrettons que M. Laferrière ait cru devoir se borner à tracer l'histoire des lois barbares applicables dans les limites de la France. L'histoire externe de toutes les lois dites *barbares* aurait dû entrer dans son plan, et n'aurait pas d'ailleurs allongé de beaucoup son travail. Nous sommes d'autant plus étonné de cette lacune, que M. Laferrière reconnaît lui-même que *l'étude générale des lois barbares est utile et* MÊME INDISPENSABLE *pour apprécier l'esprit du droit germanique et pour déterminer des analogies ou des différences, selon le caractère particulier des tribus de l'Allemagne* (t. III, p. 70).

M. Laferrière fait successivement l'histoire de la loi salique, de la loi des Ripuaires, et accessoirement à celle-ci, de la loi des Allemands et de celle des Bavarois; de la loi des Burgondes (loi Gombette), avec les *additamenta;* de la loi des Visigoths; des formules de Marculfe et des autres formules analogues; et enfin du *droit normand*, dont les sources sont : le Code islandais des Grágás, les coutumes anglo-normandes, le registre de l'échiquier et l'ancien Coutumier de Normandie.

Comme de raison, la loi salique occupe la principale place dans cette histoire. L'auteur entre, au sujet de cette loi, dans des détails qui présentent un intérêt incontestable. Ainsi, il examine la question controversée de la rédaction primitive de la loi salique en langue tudesque. MM. Guizot et Pardessus, comme on sait, sont partisans de cette opinion; M. Laferrière se prononce, au contraire, pour la rédaction latine. Telle est aussi l'opinion des meilleurs historiens allemands [1].

Les gloses malbergiques, l'époque de la rédaction de la loi

---

[1] *V.* notamment G. WAITZ, *Das acte Recht der Salischen Franken.* Kiel, 1846, in-8° (p. 24 et suiv.).

salique; le lieu probable de cette rédaction et de la promulgation; la révision de Charlemagne (*lex emendata*); les documents accessoires à la loi salique, ses diverses éditions, font successivement l'objet des recherches de **M.** Laferrière dans la première section de ce chapitre.

Les sections suivantes sont consacrées aux autres lois barbares que nous venons d'énumérer et au droit normand.

Le chapitre V comprend l'HISTOIRE INTERNE du droit germanique. Nous n'avons pas besoin de dire que c'est là le chapitre capital du volume; et, à notre avis, ce chapitre est irréprochable. Les lecteurs de la *Revue du droit français* ont pu d'ailleurs se faire une idée de ce beau travail, par le long extrait qui en a été publié dans le tome IV (p. 853-891) de ce recueil.

Voici, du reste, l'énumération des matières comprises dans ce chapitre :

1. Organisation des tribus; leur caractère;

2. État des personnes dans la société;

3. État des personnes dans la famille. — Minorité. — Majorité. — Rapports personnels et réels naissant du mariage. (*Mundium.* —*Dos. Morgengabe.* — Douaire. — Origine de la communauté);

4. Solidarité de la famille germanique. — *Faida.* — *Wehrgeld;*

5. Propriété mobilière et immobilière. — *Terre salique.* — *Alleu.* — *Droit de masculinité.* — Droit de succession dans l'ordre privé et dans l'ordre politique. — Bénéfices;

6. Dispositions de biens à titre universel;

7. Conventions;

8. Organisation et exercice de la justice.

Le chapitre VI énumère les modifications apportées aux *lois salique et ripuaire* depuis Clovis jusqu'à Charles le Chauve; c'est-à-dire des documents législatifs, au nombre de sept, qui furent *ajoutés à la loi salique* pour la compléter ou la modifier. Ce sont des documents qui font *corps*, pour ainsi dire, avec les lois salique et ripuaire, et qui devaient être distinguées des autres monuments *spéciaux* du droit mérovingien et carlovingien.

Ces derniers monuments forment ce que M. Laferrière appelle le DROIT MIXTE, c'est-à-dire le *droit transitoire entre les institutions germaniques et les institutions féodales.* — Les Capitulaires sont la source principale de ce droit.

On comprend sans peine la haute importance de cette partie de la législation. Aussi M. Laferrière y consacre-t-il trois longs chapitres (les VIIe, VIIIe et IXe), subdivisés chacun en plusieurs sections et n'embrassant pas moins de 200 pages.

Il examine le DROIT MIXTE, successivement : *dans ses rapports avec le droit public et administratif; dans ses rapports avec le droit privé; dans ses rapports avec le droit canonique.*

SOUS LE PREMIER RAPPORT, il indique les changements apportés par le droit mixte dans l'*ordre politique*, dans les *relations entre les deux puissances spirituelle et temporelle*, et, enfin, dans l'*ordre administratif.*

Dans l'ordre politique : Les effets de la conquête sur les anciennes assemblées des hommes libres de la Germanie. — La tenue et l'objet des *champs de Mars* et des *champs de Mai.*

Dans les relations entre les deux puissances spirituelle et temporelle : Les conditions nouvelles de l'épiscopat. — L'intervention du pape dans l'ordre temporel. — La législation sur les dîmes. — La nouvelle composition des conciles provinciaux et nationaux.

Dans l'ordre administratif : Les nouvelles divisions territoriales et administratives. — Les modifications apportées au régime administratif et municipal. — Les effets de la conquête sur le système des impôts.

SOUS LE DEUXIÈME RAPPORT. (*Droit privé.*) — Énumération et histoire des sources nouvelles du droit privé. — *Édits et Capitulaires.* — *Canons gallicans* dans leurs rapports avec la société civile. — *Formules, actes, diplômes et chartes.* — *Polyptyques d'Édelin* et d'*Irminon.* — Changements apportés dans l'état des personnes; dans le caractère de la propriété. — Enfin, changements apportés dans l'ordre judiciaire, civil et ecclésiastique.

SOUS LE TROISIÈME RAPPORT. (*Droit canonique.*) — Énumération et histoire des sources du droit canonique qui ont

un caractère *authentique*. — Monuments du droit canonique,
de source *apocryphe*. — (Fausses décrétales et faux capitulaires.)

On peut juger par ce simple aperçu, combien est vaste et
importante la matière des trois chapitres que nous venons de citer.
Nous aurions voulu suivre M. Laferrière dans toutes les parties
de ce vaste édifice, mais il faut le lire lui-même pour apprécier,
comme il doit l'être, le talent qui a présidé à l'exécution de cette
œuvre difficile.

Les chapitres X et XI servent de transition à la période suivante du droit français. — L'auteur y trace le tableau des grands
fiefs, de la fin du IXe à la fin du Xe siècle et constate le point de
départ et l'accomplissement du passage de la *personnalité* des lois
barbares à la *réalité* des coutumes locales.

Enfin, le chapitre XII et dernier trace à grands traits les résultats caractéristiques du droit à l'expiration de la période franque.

Le troisième volume est terminé par douze appendices con-
tenant des *textes importants*; des renseignements sur le *système monétaire*, et sur les principales *mesures* usitées sous
les deux premières races; et d'autres documents pouvant servir
de développement à divers points traités dans le cours de l'ouvrage. — Le dernier appendice donne de nouveaux éclaircis-
sements sur la famille romaine en ce qui concerne l'*agnation* et
la *gentilité*.

Avant de terminer, nous voulons exprimer un regret : c'est
que M. Laferrière ait cru devoir exclure le *droit criminel* de son
livre. A notre avis, c'est là une lacune.

« Le droit criminel, dit M. Laferrière, a son caractère propre et
doit avoir son histoire spéciale. »

Sans doute ; s'il s'agissait d'une histoire complète du droit criminel, d'une histoire détaillée dans toutes ses parties, le sujet
serait assez vaste pour exiger un travail spécial auquel la vie d'un
homme suffirait à peine. Mais une *Histoire générale* du droit
n'exige pas tant. Un tableau quelque peu détaillé de la pénalité et
de la procédure suffiraient.

Dans la science du droit (comme, du reste, dans toutes les
sciences) tout se lie et s'enchaîne. Chacune de ses parties projette

des lumières sur les autres, et leur ensemble bien coordonné peut seul donner une idée complète des relations de la vie sociale.

« Le droit, dit M. Laferrière, est l'association de la liberté humaine et de la vie sociale avec la justice et la raison. » Mais le droit criminel, c'est la justice réprimant les écarts de cette liberté en ce qu'ils portent atteinte à la société. N'est-ce pas là une des phases les plus importantes de la vie sociale, et le droit criminel n'exprime-t-il pas, plus fidèlement peut-être qu'aucune autre partie de la science, les progrès successifs que fait l'idée de justice sociale dans l'histoire de l'humanité ? Comment donc cette partie du droit peut-elle être absente dans une histoire qui a précisément pour but, de developper les progrès des idées de justice et de raison dans leur rapport avec la liberté humaine et la vie sociale ?

D'ailleurs, en excluant le droit criminel de ses recherches, M. Laferrière ne méconnaît-il pas le titre de son livre ? C'est une *Histoire du droit civil de Rome et* DU DROIT FRANÇAIS qu'il entend faire. Ce titre exclut le droit criminel des Romains, mais il implique le droit criminel français ; sans cela le livre n'est plus qu'une *Histoire du droit civil de la France.*

Ce que nous venons de dire du droit criminel s'applique au *droit commercial* que M. Laferrière a également exclu de son travail [1].

Mais, nous n'insisterons pas davantage sur ces deux points, auxquels il sera facile de remédier. Le livre de M. Laferrière, tel qu'il nous le donne, est incontestablement le travail le plus remarquable qui ait été publié en France, sur l'histoire générale du droit français.

---

[1] L'auteur dit dans son Introduction, p. XLVI : « Deux branches importantes, » le droit commercial et le droit criminel, sont *à peu près* absentes de nos re- » cherches. Elles ont leur caractère propre et doivent avoir leur *histoire spéciale* » comme elles ont leur monographie. » — M. Laferrière n'a pas *exclu* le *Droit criminel* et le *Droit commercial* de son plan (comme pourrait le faire croire l'expression un peu absolue de l'honorable et savant auteur du compte rendu), et il a déjà senti le besoin, dans le cours de son ouvrage, de rapprocher le droit criminel du droit public et privé ; voir t. III, p. 215, sur les *institutions judiciaires* selon la loi salique, et p. 432, sur la *justice criminelle* exercée par les évêques. L'auteur peut facilement, dans la suite de son livre, marquer les progrès généraux du droit criminel et commercial, sans s'éloigner de son plan primitif, et en complétant ainsi son œuvre historique, selon les vues judicieuses de M. NYPELS. (*Note de l'un des directeurs de la Revue.*)

Il faut du courage, dans les temps actuels, pour entreprendre une œuvre de pareille dimension. Il faut une grande force de volonté pour continuer des études longues et difficiles, alors que l'esprit est incessamment préoccupé par des événements qui mettent en question l'ordre social lui-même. Puissent ce courage et cette volonté ne pas manquer à M. Laferrière ; puisse-t-il accomplir bientôt le beau travail auquel il a attaché son nom ! Il a droit désormais à toutes les sympathies des hommes qui, comme lui, consacrent leur vie aux études sérieuses.

Paris. — Imprimé par E. Thunot et Cie, rue Racine, 26, près de l'Odéon.

www.ingramcontent.com/pod-product-compliance
Ingram Content Group UK Ltd.
Pitfield, Milton Keynes, MK11 3LW, UK
UKHW021154230726
13926UKWH00001B/104